青少年
性教育丛书

悸动的心思

壹卡通动漫 编绘

陕西出版传媒集团
陕西科学技术出版社

图书在版编目(CIP)数据

悸动的心思 / 壹卡通动漫编绘. -- 西安 : 陕西科学技术出版社, 2014.10（2020.8重印）
(青少年性教育丛书)
ISBN 978-7-5369-6258-3

Ⅰ. ①悸… Ⅱ. ①壹… Ⅲ. ①性教育－青少年读物 Ⅳ. ①R167-49

中国版本图书馆 CIP 数据核字(2014)第 221910 号

青少年性教育丛书·悸动的心思

出版者	陕西出版传媒集团 陕西科学技术出版社 西安北大街 131 号 邮编 710003 电话(029)87211894 传真(029)87218236 http://www.snstp.com
发行者	陕西出版传媒集团 陕西科学技术出版社 电话(029)87212206 87260001
印 刷	华睿林（天津）印刷有限公司
规 格	720mm×1000mm 16 开本
印 张	8
字 数	77 千字
版 次	2014 年 10 月第 1 版 2020 年 8 月第 2 次印刷
书 号	ISBN 978-7-5369-6258-3
定 价	19.80 元

preface 序言

对于性，你了解多少呢？我们从哪里来？为什么男孩子进到女厕所是件很害羞的事情呢？诸如此类的问题相信大家每天都会遇到很多。

这些问题在中小学生中尤为重要。首先，处于青春期的中小学生在身体开始发育后，面对生理上和心理的变化，常会感到惊慌失措，甚至以为自己得了什么病，所以，很想了解自己和异性的身体为什么会发生这样的变化，对性知识表现出极大的兴趣。其次，由于目前我国性教育的不足，不少中小学生出现性道德扭曲、感染性病、堕胎、性犯罪等问题，严重危害到了中小学生的身心健康。

中小学生是祖国的希望，青春期正是中小学生长身体和血知识的重要时期，因此，保护和引导中小学生健康发育和成长至关重要。

本套图书从不同角度引导和告诉了中小学生，如何树立正确的性观念、学会保护自己、解决性困惑、促进性健康等，并向中小学生介绍了预防性病、艾滋病的基本知识，使中小学生在成长的过程中，正确理解性知识，培养积极健康的人生观。

introduction
人物介绍

>>>

朵洛洛

充满活力，具有恒心，为了目标坚持不懈，富有爱心和正义感。

杜子炎

聪明冷静，爱动脑子，有优秀的逻辑推理能力和创造力，关键时刻总能帮助团队化险为夷。

龙菲菲

活泼可爱，真诚善良，是一个和善、宽厚、温柔、美丽的女孩。

费嘟嘟

嫉恶如仇，爱助人为乐，体型较胖，是个大力士。

contents

目录

第1章

什么时候才能长高

是啊……他长得好高哦。
我只是把吃的东西消化掉，横着长了而已，不然肯定比他高。
喂，老杜，一起来玩吧。
朵洛洛的表哥：小林 13 岁，与朵洛洛一样，充满活力。
他是谁啊？
他是我表哥。
大家好。
过几年我也能长得那么帅的。

那个……吃什么才能像你一样长那么高啊？
我也不知道，可能是基因好吧。
嘻嘻～
真高！
好自恋！
他就比我们大一点儿而已，怎么就长得这么高了啊？
矮冬瓜……
小林哥说了，只要天天坚持打篮球，就能长得和他一样高。

是啊，谁也不是一生下来就长这么高的。矮冬瓜也会慢慢长大的。
我才不是矮冬瓜呢！
嗖～
洛洛，赶快把照片还给我。
……
哈哈～

哈哈哈哈，小林哥，你像我们这么大的时候上床睡觉都困难吧！
嘻嘻！
还好他们没看出来这是我5岁时的照片……
那时候……我还没开始长呢。
从那么矮长这么高……为什么？
总之好好吃饭，多锻炼就会长高的！
这样啊……

1 个月后……
1 个月前……
呃~
为什么？为什么我还是没有长高？
啊！
费嘟嘟你怎么了？怎么瘦成这样？
这么长时间每天放学后都坚持打球，你觉得我有没有长高？
就感觉……你消瘦了许多……

喂，你们有没有觉得子炎好像长高了？
啊？
是哦，好像以前比我矮吧？
我一直都比你高好不好！
嘿嘿~
可是没有比我高一头这么明显吧！
快说，你是不是偷着吃什么长个子的东西了！
怒！
真的没有。自己就……长这么高了。

哈哈！
你笑什么呢？
子炎啊，这个鞋子不错，新买的呀？
呃……是啊，觉得挺好看的就买了。
喂，那就把鞋子脱了看看呗。
别了吧……
增高鞋。
原来是增高鞋！
哈哈！

还以为只有女孩子才会穿增高鞋呢，没想到子炎你也穿！
啊？
昨天晚上吃饭时我妈说……
你看隔壁的小明，现在长得多高，我们家子炎怎么还是这么矮啊，是不是营养不良？
不会的，咱们个子都不矮，孩子也不会太矮的，他还小呢，没到长个的时候。
我刚买了一双增高鞋，说是生物科技，穿上可以增高的。让孩子穿上试试。
你这真是多此一举。
唉，就是这样……

哈哈，穿这个能行吗？
管他呢，就这样吧。
第二天
你怎么也跑去买那个鞋子了？
生物科技，能利用磁场来促进激素分泌，很快就能长高了。
子炎，你有没有感觉穿上鞋子后，自己的身体在不断长高？
这个……明明就是骗人的嘛！
我穿这个是迫不得已，你这个欢乐的表情是怎么回事儿？

相关知识

激素

激素不但影响人的生长发育及情绪表现，更是维持人体内各器官系统均衡动作的重要因素，一旦激素失衡，身体便会出现各种病变。一个人是否身心健康，激素起着重要的作用。

激素对人体的各种组织有促进合成的作用，青少年一旦缺乏生长激素就会导致生长停滞。

第2章

长高和变声同时出现

不清楚。可能是感冒了，嗓子不舒服吧。改天去医院看看。
好啊，那我跟你一起去。
嗖～
这么热的天，喝凉的饮料最舒服了。
咕咚～
那当然。
第二天
啊
啊
啊
怎么了？

小林哥，你怎么了？
想玩你来比划我来猜的游戏吗？
啊～啊～啊～
哼～
我说不出话了～
那怎么办？我们快去医院吧！

挂号处
呵呵~
你要挂什么号?
啊啊
小朋友,他怎么了?
好像是说不了话了。

耳鼻喉
把嘴张开让我看看。
他说不出话。
啊～
对不起，你们来晚了。

大夫你救救他吧，以后不能说话可怎么办呢？
我知道了。我先给你开一服药，吃完了明天再来。
第二天
你昨天是不是喝什么凉的东西了？喉咙都肿成乒乓球了。
嗯~嗯~
是啊是啊，他昨天喝了凉果汁。
我再给你开两片消炎药吃吃就好了。你刚进入青春期，正在变声的过程中，平时要注意保护好嗓子，少吃些辣的、凉的，否则会刺激喉咙的。
我昨天也喝了，会不会也变成哑巴？

你才是哑巴！
看你这么有活力，应该没事的。不过以后还是要注意。
下午
怎么到了变声期你的嗓子脆弱了呢？

小林哥，你没发现……你的嘴巴上……汗毛好长。
啊！
会不会长成络腮胡？会不会跟他一样？
这种密度怎么看都不可能吧！
要不要刮胡子？
整天看爸爸刮胡子，早就想试试了！
嗞嗞～

你们……在干嘛？
嘭！
小林哥长胡子了，想刮刮胡子。
别刮！因为毛囊本身就比毛孔大，所以当胡子被往外拉时会把毛孔扩大，再长出来的胡子就会变硬。
肯定不会是你想的那样吧！
害怕~

所以啊，不要老是想着刮胡子。更何况……
你这个……其实就是长得长了点的汗毛，还没有变成胡子呢。
呃…
我什么时候才能变声和长胡子啊？
嗯～
嗯～
还要好几年呢。更何况，变声也不是很舒服的，声音整天嘶哑着，连大声说个话都会感到很费力。
唉……看来你们学校的性教育做得很不到位啊。
是啊，好多东西我们都不懂。
看来……学校一定要加强性知识教育。

相关知识

变声期

青少年一般在 12～16 岁进入变声期。这个时期是喉头、声带发育的阶段，其表现为：声音嘶哑、音域狭窄、发音疲劳、喉头局部充血水肿、分泌物增多等。变声期一般为半年至 1 年。

因此，在变声期要格外注意对嗓子的保养：

1.正确使用嗓子，不大声叫喊，不过度唱歌。

2.注意喉部保暖。尤其是在冬天，尽量不穿低领的衣服，同时要避免感冒。

3.生活中劳逸结合，不仅要积极地参加体育活动，增强体质，而且每天要保证充足的睡眠，不熬夜。

第3章

原来人是这样长大的

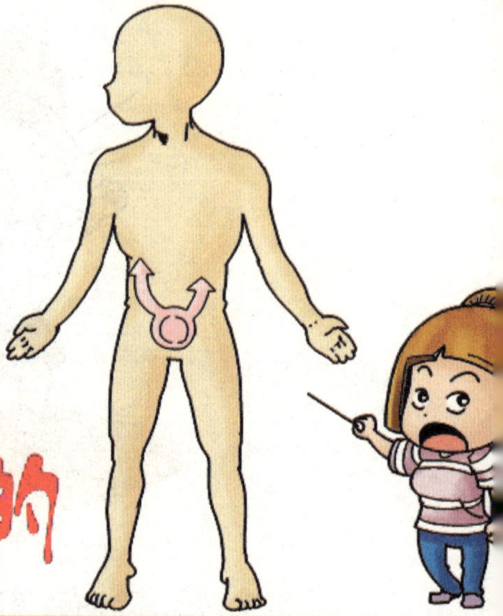

不要！
还好是梦！
朵洛洛同学，刚刚做了什么梦？跟大家分享一下吧。
刚刚……梦到自己长了满脸胡子……好可怕。
哈哈！
哈哈！
什么啊，有了孩子才会长胡子呢！
为什么会长胡子啊？女生会不会长？

我那天在大街上就见过一个嘴巴上长胡子的女孩子，虽然不明显，但是好可怕。
好吧，那我就先简单给你们讲一些生理知识，等有空了让王医生再来给你们讲。
呃……长个胡子而已，有什么可大惊小怪的！

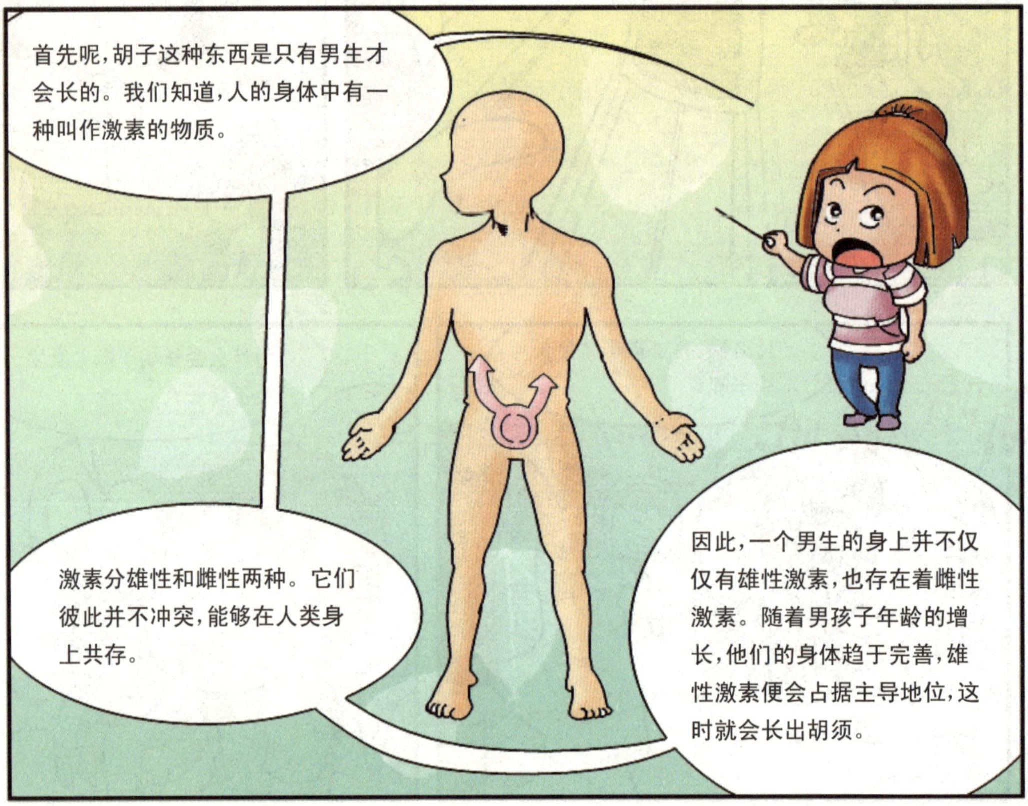
首先呢，胡子这种东西是只有男生才会长的。我们知道，人的身体中有一种叫作激素的物质。
激素分雄性和雌性两种。它们彼此并不冲突，能够在人类身上共存。
因此，一个男生的身上并不仅仅有雄性激素，也存在着雌性激素。随着男孩子年龄的增长，他们的身体趋于完善，雄性激素便会占据主导地位，这时就会长出胡须。

那为什么我之前见到的那个女孩子长胡须？
那就是说她身体里的内分泌失调，导致雄性激素分泌过量。不过那种情况不会一直持续下去的，随着内分泌的恢复，“胡子”也会褪去的。
那这种雄性激素是怎么产生的呢？
呃……这个……它存在于男生的睾丸中。
睾丸是什么？
明天让王医生来给你们详细讲解吧。
呃……

好久不见大家了，你们的好奇心还真是强啊。
哇……好帅。
下面我给大家讲解一下男生的生理结构。
哇！
这是男生的小鸡鸡，是用来排尿的器官，所以要好好保护哦！
阴茎
睾丸
子宫
这两个蛋蛋就是睾丸，等男孩子长大了，蛋蛋里就会有
子，爸爸的精子和妈妈的卵子在女性的子宫里相遇，
有了我们。

那女孩子没有那个东西，为什么有的人会长胡子呢？
其实雄性激素不仅仅能够在睾丸中分泌，在女孩子的卵巢中也会分泌。我们上次已经讲过卵巢了，还记得吧？
记得。
雄性激素对男孩子的作用很大，如果体内没有了雄性激素，就变样子了。
那是什么意思？
如果没有雄性激素，就会和女孩一样的。

不过也不必担心。你们现在的营养条件都很好，这种情况很少出现。此外，雄性激素还会影响到男生的生长发育，比如促使他们长出胡须、腋毛、喉结，等等。
那种东西有什么好的，毛茸茸的，恶心死了。
如果因为雄性激素分泌不足而不长这些东西的话……会变成娘娘腔的。这可不是吓人的呦。
好了，关于胡子的问题大家没有什么问题了吧？
我们什么时候才会长胡子呢？

一般来讲，男生在 12 岁左右就会开始有第二性征的表现，女生要比男生稍微早点。
所以人们都说女孩子比男孩子要成熟得早。
怎么可能！女生整天就会哭鼻子。
哼～
幼稚！
那我们什么时候才会长高呢？
男生在 10 岁以后身体就会进入快速成长时期，15 岁时会达到增长的高峰期，18 岁之后慢慢减缓。

既然有第二性征，那是不是也有第一性征呢？
是的，第一性征也叫主性征，是指人类出生时生殖器上存在的差异。
那……是什么？
就是有没有小鸡鸡！
笨蛋！
朵洛洛这种说法基本是正确的。
低俗……

今天关于胡子的问题，大家已经了解了吧？
了解了。
所以大家不必对此好奇。
是。
那么，大家还有什么问题吗？
对了，这种透明气球是干什么用的？

相关知识

胡子

青春期后的男性一般都会长胡子。在雄性激素的作用下，胡子比头发长得快。长胡子是男孩子第二性征的一个表现。

如果男孩子到了青春期还没长胡子,是不是病态呢?这要联系整个身体的发育情况来判断。如果男孩子虽没有胡子,但生殖器官和第二性征都发育正常，那就不属于病态。

胡子大战

法国国王路易七世的王妃，因为路易七世剃掉了胡须而与之离婚，改嫁了蓄着一副漂亮胡子的英国国王亨利二世。英法两国则为王妃陪嫁的土地争夺了 300 年，这就是著名的“胡子大战”。

第4章

大人的秘密

这个叫避孕套。爸爸妈妈希望只有你们一个孩子，这样可以好好地爱你们，所以他们想避免怀孕，就需要用这个东西。
千万不能拿着当气球玩哦！
好神奇啊！

我们上面讲了男生的身体特征。
这是女生的生殖器。尿液是从这里排出去的。
长大了，结婚了，小弟弟小妹妹就会从这里生出来。
知道了！

一对男女结婚之后，相亲相爱，一起生育孩子。
当然只有大人们才这么做，小孩子只是用来尿尿的。

男人的生殖器进入女人的阴道里，精子从男人的身体里喷到女人的身体里面，这样做就可以怀孕了。
为什么会喷出来？
这是人们身体的本能。
什么是本能？
呃……
真是个好奇心重的孩子。本能就是人类生来就会的事情，比如人吃饭就是一种本能。

精子很小很小，形状像小蝌蚪它们都在人体产生的液体里游动，相当于我们在很大很大的游泳池里游泳，小蝌蚪是游到形状为小圆球身边的。
游泳能力最强的小蝌蚪才能第一个到达小圆球，其他的小蝌蚪就全被淘汰了。然后，小蝌蚪和小圆球也就是精子和卵子结合在一起，形成受精卵。
其实我们每个人在最初的时候都是游泳冠军。
嗯嗯。

气球呢？
关于避孕套……我们看，这个……
做个试验，避孕套可以把针管喷射出来的液体装入其中，同样原理，使用避孕套后喷射出的精液就不会进入女性体内，也就实现了避孕。
哦。
?

同学们，男生和女生的身体虽然有差别，但是大部分还是一样的。
其实也没有什么奇怪的嘛！
我们今天认识了自己的身体，但是生殖器是我们身体最私密的地方，无论是男生还是女生，都不能让别人看见哦。
尤其是男生，不能随意去掀女生的裙子！
……
有什么好看的，连小鸡鸡都没有！
怒！

朵洛洛你个大坏蛋，我是女生！
女生有什么了不起，长大了还要生孩子。痛死了。
……
开个玩笑，别生气啊。
嘿嘿～
那么……今天的课就到这里吧。
哇……
哇哇～

谢谢王医生。
感觉人体真的好复杂哦。越学习越发现自己懂得的东西少。
是啊，人体还有很多很多的秘密等着科学家去揭开呢。
哇！

害怕~

……

相关知识

男孩子青春期保健

1.注重个人卫生，勤洗澡，保持身体清洁。

2.不穿过紧的牛仔裤。因为它既不通气，又会形成对睾丸的压迫和较高的温度，所以不宜长期穿牛仔裤，应与其他衣服交替穿戴。

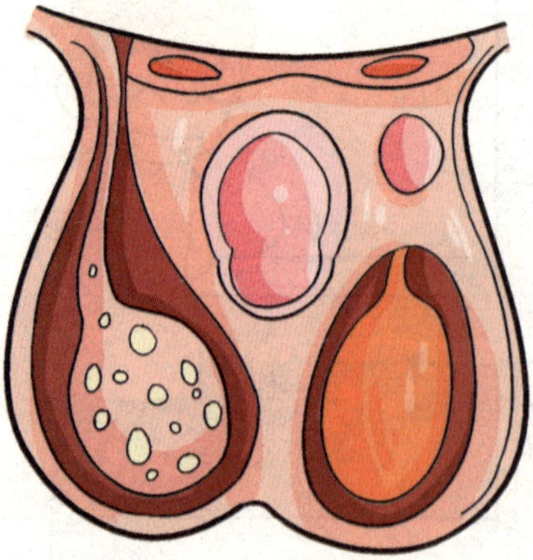

3.养成良好的生活习惯，不抽烟、不喝酒、不吸毒、不手淫。频繁手淫会造成体质虚弱、精神委靡、失眠，应当避免。

4.多参加体育活动，培养自己广泛的爱好，树立正确的价值观。

第5章

迟早要面对的尴尬情况

你肯定在骗我！
好吧……其实……今天出现了一件怪事。
嗯？
唉~
哇！
事情就是这样，是一种很恶心的白色液体，不知道是不是得了什么病。
呜呜~

今天王医生给我们上了性教育课，说那种液体叫作精液，是男孩子才有的。
哎，现在的小孩子，没上过性教育课，见什么都大惊小怪的。
可是在睡觉时突然出了这种事情，很奇怪不是吗？
对哦……今天王医生只说这种东西在做爱的时候会有，没说其他的……
不行……我得赶紧去找医生问问。
我陪你一起去。

又是你……这次怎么了？
我得了一种怪病……今天睡觉的时候忽然从下面流出了白色液体。
你多大了？
13 岁了。
呃~
哦，那是正常现象，没什么可大惊小怪的。这种现象被称为遗精。
嗯？什么是遗精？
进入青春期后，男孩子的性器官基本得到了发育，身体不断地制造精子，但是精囊的容量是有限的，到了一定限度时，这些多余的精液就会被排出体外。

为什么睡觉的时候会出现这种情况呢？
这是正常现象。平时清醒的时候人的大脑能够支配行为，到了晚上，大脑皮层的兴奋得不到抑制，就会出现这种情况。这标志着你已经是个成熟的男人了。
还有……这几天……下面总是会变得硬硬的，这也是正常现象吗？
害羞～
是的。男孩子生殖器生长到一定程度，随着性发育的逐步健全，就会出现勃起。这并不是一件羞耻的事情，它标志着你已经步入了成人的行列，你应该感到开心。
之前有过这样一件事情，发生在一个十六七岁的孩子身上。
他正处在青春期，身体发育已经逐渐完全。

在青春期，男孩子对外界感官的刺激会变得很敏感，因此勃起的频率会高一些。这原本是个正常现象，
但是……
由于缺乏正确的生理知识，他做了一件十分冲动的事情：他认为这是件十分羞耻的事情，于是用刀子割掉了自己的阴茎。
所以啊，孩子们对于自己身上的一些变化一定要有正确的认识，不然会酿成大祸的。

那……那个男生……
后来呢？
断掉的器官通过手术已经接上了，但对他以后的生活肯定会产生很严重的影响。
他真的好傻啊。
是啊，都是因为性教育不到位。遗精、勃起这些事情在青春期孩子的心中似乎是十分羞耻的，但其实这都是正常的生理现象。
那……这样……对身体会有危害吗？
以前人们说遗精会让人头晕、目眩、耳鸣……
哎呀！我怎么头晕了？
呃…

但那其实都是心理作用。虽然精子的结构复杂，但精液的成分大都是水和蛋白质，遗精是不会对人有影响的。
呃…
原来是这样啊！
我什么时候才能成为一个真正的男人呢？
很快就会的，别担心啦。
拍拍～
好了，这下你就不用担心了吧。
嗯嗯，谢谢医生。
你们平时也要自己学一些性教育方面的知识，别为了一些小事就大惊小怪的。
呵呵～

唉，现在的小孩子，一点小事儿就大惊小怪的。
你能不能少说点！
好吧。
哎……长大好麻烦。
你也只是个小孩吧……
我可是变声中的少年了，跟你们这种小朋友才不一样呢……
哎，真羡慕你，比我们大。

可是长大也会有长大的烦恼。比如有时候会跟爸妈吵架什么的。
为什么呢？
不知道。总觉得……有时候他们说的不一定是对的。大概就是这种感觉吧……
爸爸妈妈永远是最正确的！
所以说你还小啊。
呵呵～
嗯？
小林哥，那个是干什么的？
嗨！
心理咨询

相关知识

遗精

遗精是男孩子的正常生理现象，不少男生对遗精有一种莫名其妙的恐惧感。该如何正确对待遗精现象呢？

从生理上说，遗精标志着男性性机能的成熟，开始有了生殖能力；从心理上说，进入青春期后，性意识开始萌芽，对异性逐渐产生爱慕，并萌发出性体验的要求。

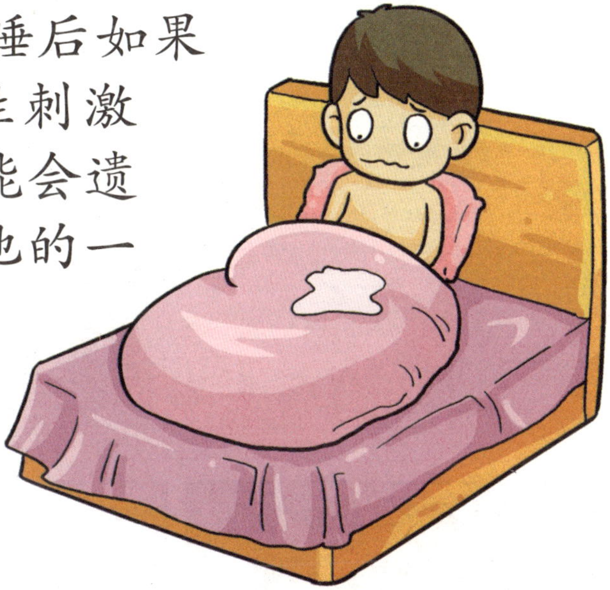

男生在入睡后如果有心理上的性刺激(性梦)，就可能会遗精。另外，其他的一些刺激也可能引起反射性遗精，如内裤过紧、睡觉时被子压得太重、被窝太热等。

遗精是一种正常生理现象，出现遗精现象，说明你们的身体很正常、很健康，男孩子们不必过于紧张、疑虑，应该将注意力集中在学习上。

第6章

青春期容易变成问题少年

请大师为我指点迷津啊！
这……这都能把你骗到……
嗯……你喜欢上了一个女生……
是啊是啊，可是她不喜欢我……怎么办？
这是我画好的符，你带上就能心想事成。
给～
这都行？

谢谢大师指点。
年轻人……还没给钱呢。五十块。
是是，才五十，挺便宜的。
小林哥……你振作点。
前面的，站住！
连这种低劣的骗术你都会上当……
……

对哦……我怎么……就被骗了？
现在好多骗子都在瞄准你们这种孩子下手。尤其是在你这个年龄段的孩子，觉得自己长大了，能够脱离父母独立生活，实际上却又没有独立的能力，很容易被骗了。
唉……是我太大意了。
以后小心。
谢谢警察叔叔。
真拿你们这群小孩子没办法。
可恶~

咚！
哎哟～
小子，你想找死啊！
对……对不起……
光说对不起就行了？赔我损失费！
阿鹏是不是又偷着去网吧了？
嗯？

妈……
早让你把身上这些奇形怪状的东西给去了，怎么还没去！一会儿去把头发给我染黑……
我刚刚……是不是被抢钱了？
差点被抢……
呃…
话说……你喜欢上哪个女孩了？早恋可不行哦！
要你管！
说说啦。不然我回去告诉你妈妈。
嘻嘻~

好吧……那就告诉你一个人，你别跟其他人说。
一定的。

其实……前些日子在班上不知怎么回事儿，忽然对一个女孩子有了好感。
然后……就一点点地无法自拔。
嘻嘻～
我想……我是恋爱了。

什么？
你根本就没有在听吧！
哇！
对了，下午杜子炎他们要去广场玩，我们一起去吧。
好吧。
广场
朵洛洛，你总是迟到！
嗨！
不好意思，不好意思……
他们在干什么？

应该是在为全国普法日做准备。
什么是全国法制宣传日？
2001 年时，国家将每年的 12 月 4 日定为全国法制宣传日，在这天会宣传相关的法律知识。
杜子炎懂得好多哦！
哼，有什么了不起的……
小林哥哥怎么了？

今天被一个冒充心理咨询的人骗了。
这里都是专业的咨询人士，不会有欺诈行为的。
小林哥哥有时候跟朵洛洛好像呢。
哼！
算我没说。
你看他们在干什么？
啊！
他~他~

相关知识

青春期教育

家庭是青少年人生的第一课堂，父母是子女的启蒙教师和引路人，对孩子的性格、品德、身心健康等方面都起着重大的作用。良好的家庭环境、健全的家庭结构能促进子女健康成长。

青春期教育主要是性教育，不但要讲生命的孕育和诞生的基本知识，青春发育的生理规律，青春体貌的变化，性欲望、性吸引、性冲动和性宣泄的生理与心理现象，性的安全健康和

身心保护的知识，还要讲预防意外怀孕，预防性病、艾滋病等知识。

青春期教育作为人生教育，还应当传授性的价值观念、性的社会行为规范与道德责任、性的法律界限与防止性暴力等知识；教导人际交往，特别是两性交往的知识与技能；帮助青少年学习关于两性之间的友情、爱情、择偶、婚姻等的人生课程，使其懂得性别社会化、性别差异与性别角色、两性尊重与平等的基本概念。

第7章

青春期的心理很复杂

哇啊啊啊
KFC
逃跑~
绊倒~
嘿~
你们干得很好，帮了我们大忙了。
他这么小，会被送进监狱吗？

对于那些已满十六周岁的人犯罪，应当负刑事责任。已满十四周岁不满十六周岁的人，犯故意杀人、故意伤害致人重伤或者死亡、强奸、抢劫、贩卖毒品、放火、爆炸、投毒罪的，应当负刑事责任。
他们都已经超过十五岁了，被送到监狱的可能性很大。你们要引以为戒，绝对不能做危害社会和自身的事情来。
嗯。
我们该走了。明天这里有法制宣传活动，主要针对的就是青少年，你们可以叫上同学一起来看看。
再见~
好的好的，我们明天一定来看。
第二天

哇，今天来了好多人啊！
我们去那边听他讲课吧。
一般你们在十三四岁时就会进入青春期，青春期是人类的一次蜕变，这个阶段的心理十分特殊。
为什么呢？
这个年龄段，在心理学上被称为“心理断乳期”。

哇哇~
所谓的断乳期，就是作为婴儿的你们，在得不到母乳时便会十分狂躁，吵吵闹闹，但那个年龄的你们除了哭没有别的办法。
而青春期里，由于年龄的增长，你们也会出现不想要父母管教的心理。这样的心理十分微妙，一方面，你们觉得对生活充满了幻想，想象着自己长大了会成为怎样成功的人，另一方面，你们又不愿意付出太多的努力。
呜呜~
那不是跟做梦一样吗？
这位小朋友说得很对。就是因为梦和现实不同，梦里的东西都是美好的，而现实中有很多不尽如人意的地方，所以青春期的人便会表现出很强烈的逆反心理。

这样的逆反使得他们对自己的父母疏远，讲求哥们义气，因此也很容易酿成大祸。
除此之外，还有一个令老师和家长们十分头疼的问题：早恋。
恋爱有什么不对的啊？
恋爱本身是没有什么问题的。在青春期，男孩子的生理逐渐成熟，在心理上他们会变得很容易被异性吸引。
这种懵懂的心思是很美的，但是早恋会分散人的注意力，对学业造成负面影响。
更重要的是，由于青春期孩子的心理并不成熟，对于很多事情无法正确处理和对待，很容易引发犯罪。

那不是还有那种谈恋爱后两个人都努力学习，最后成绩都有很大进步的吗？
那是极少数，只能作为个案。近段时间出现了一个案例：一名十七岁的男孩由于和女朋友闹矛盾，结果来到女孩的家中，砍死了两人，砍伤了五人。
惊讶～
那不也是个案吗？不可能所有人都像他那样心理变态。
青春期还有一个最大的心理就是反抗权威，不相信大人的话。确实，不可能每个人都像他那样失恋后乱砍人，但是我们有没有可能无辜地成为被砍的人呢？
大家到了青春期后心理骤变，难以把握好分寸，容易引发各种犯罪，尤其是性侵犯和人身伤害。近些年在我国青少年中堕胎的事情也是屡见不鲜，这都是十分可怕的。

因此大家从小就要树立起正确的人生观、价值观，知道哪些事情是能做的，哪些事是不能做的。不能伤害别人，更要学会保护自己。
说到底不还是女孩子会被男孩子欺负吗？
那倒未必。也有男教师性侵男学生的案例。
呱~呱~
这……这……怎么可能？
惊讶~
现代人生活压力大，变态的越来越多了。在法律上对于男生的性侵还是个空缺，所以大家要小心保护自己。同时，大家也要树立起积极的人生信念，女孩子要洁身自好，男孩子也要为自己的行为负责。

当我女朋友吧，我会对你负责的。
怒！
负责不是这个意思！
就是说男生不可以做出伤害女生的事情，要为了自己的理想而努力学习。
也不能做出伤害男生的事情……
那个是极个别现象啦。
是啊……但是我可不想成为被侵害的那个……
你学得还真快。

那万一出现了这些情况怎么办？
一定要在第一时间寻找法律途径解决，千万不要用自己的手段去打击报复，那样只会损人害己。
嗯
难道就没有别的办法来遏制这种事情的发生吗？
法律对人只是起到一个约束的作用，很多青少年都是因为法律意识淡薄而做出了让自己后悔的事情。
子炎，你们来这边啊！
这个朵洛洛……什么时候跑了？
真是个没有存在感的家伙！

相关知识

正确对待青春期

由于青春期的我们还处于懵懂阶段，还不能处理身体和心理产生的各种变化，常常使我们矛盾并困惑不解。青春期的我们应该怎样做呢？

1.学会欣赏自己。我们要以积极的心态接纳自己的形象，对自己要有一个正确的认识。

2.正确认识青春期的心理矛盾。这些心理矛盾是我们生理发育和心理变化过程的正常现象。如果处理不好，就会影响到我们的身心健康。

要解决好心理矛盾，除了向他人求助，增强自我调控力外，还要不断丰富自己。如多读书，提高自己的审美能力；多参加科技、文体活动，培养自己的高雅情趣；多参加社会公益活动，享受奉献的欢乐。这些活动既可以转移自己的注意力，消除烦恼与困惑，又可以丰富生活，净化心灵，陶冶情操，使自己快乐健康地成长！

第8章

犯罪是要被送进监狱的

我们不认识他~
好吧……这是一个十二岁少年的犯罪故事……
他从小就辍学，整天混迹于网吧和大街小巷。
认识了一些乱七八糟的人。
我没钱了，怎么办呢？
我也不知道啊……

没钱就不能打游戏了……不如这样吧，我们想办法去搞点钱来。
怎么弄？
嘘～
于是他们瞄上了晚上在街上的行人。
他们频繁抢劫，甚至在抢劫后开始交流技巧。
呜呜～
但是最终有人报警，他们被绳之以法。
从这个故事中，大家有没有学到什么？
……
不可以被警察叔叔抓到，不然是要坐牢的。

应该是学到不能抢劫这件事情才对吧！同时要坚决戒除网瘾……
哦哦……原来是这样……
什么？
如果大家受到了同学的欺负，该怎么做？
应该让他也受到惩罚！
不行，怎么可以这样做呢！
我觉得应该将他送到精神病院好好检查检查！
这个小女孩的思维真活跃！

被同学欺负的话……应该第一时间告诉老师和家长，让他们来解决。
还是女孩子懂事。
呵呵～
要是他还敢欺负我，我就马上把他送到荒岛上面去！
嘿嘿～
根本就不是这样的！
在青春期，青少年们难免会有过激行为，一旦被同学欺负，应该第一时间告诉老师和家长，不能私自报复。
这里有个十分可怕的案例。

她是个残疾姑娘。
嘻嘻~
因为身体残疾，总有人嘲笑她。
不仅如此，他还鼓动别的孩子一起嘲笑她。
嘿嘿~
接~
于是，女孩给了他一张纸条……
女孩成功地把男孩带到了后山上。

要怪就只能怪你平时欺负我。

好可怕……
虽然听起来像是个恐怖故事，但这却是实实在在发生过的。同学们从中学到了什么？

不能和被欺负过的同学单独相处。
答案当然是……要尊重同学，不能歧视任何同学！即使被欺负，也要通过合理的方式寻求帮助。

嘿嘿～
×××太讨厌了，真想教训教训他。
呃…
青春期的你们会觉得和朋友在一起很快乐，觉得他们比父母更懂你。
那干脆我们就去教训他吧。
这时的你不知会怎么回答？
算了吧，都是同学，讨厌他就别理他好了。
是会怂恿着他去发泄心中的不满，还是苦口婆心地劝他。
很多人为了所谓的哥们义气，最终将自己和好朋友送上了不归路。
你们还很年轻，很多事情无法衡量轻重。

有时候因为一时冲动，你觉得什么都值得。
甚至一切都无所谓。
可是你看不到在那之外所发生的事情，你的未来该走向何方。
所以，不管什么时候，都要想想自己的父母。如果你觉得自己真的长大了，就别让他们失望。

这就是我想说的了。你们都很年轻，要为自己的将来去努力，不能因为一点小事而放弃了大好前程。
哎，你们能相信么，男孩子居然会因为别人瞪了他一眼而大打出手。
费嘟嘟，等你进入了青春期就要小心了。
议论~
也许到了那个年龄就会很暴力吧……
为什么啊？
因为啊……一般来说……胖子就是被欺负的对象……
怎么可能？
哈哈哈哈。

相关知识

性知识教育

进入青春期的学生，因为性功能的快速发育和逐渐成熟，极容易对“性”产生兴趣。他们当中多数对性存在一定的神秘、愚昧感心理。在这种性心理不成熟时期，青春期的学生往往很难抵制外界不良环境的诱惑，最终出现性冲动，给自身及他人造成严重的后果。

正确的性教育方式

1.以家庭为主。

(1)父母应把握适时、适度的原则,对孩子进行心理辅导和行为指导。

(2)父母要与孩子平等交谈,建立宽松和谐的家庭氛围。

2.以学校为辅。

(1)在学校,性教育应作为一门课程,对学生进行详细讲解。

(2)对于孩子已发生的性问题,学校应与家长共同协商后,采取一致的态度和积极的办法处理,避免出现意外。

第9章

保护好自己的重要部位

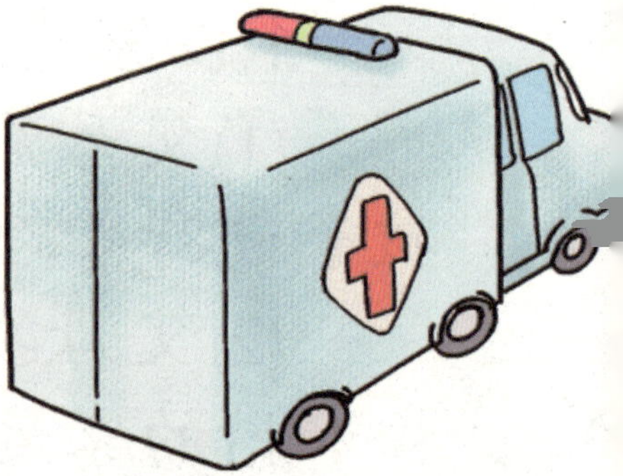

咚~
痛啊。
好痛啊。
哇哇~
你怎么了？
刚刚不小心……碰到关键部位了……
疼吗？
你觉得呢？
委屈~

我们快去医院看看吧。
疼~
大夫你快帮他看看吧，他今天骑自行车的时候不小心碰着蛋蛋了。
你们真够不小心的。先去做个检查看看吧。
嗯……肿得这么大，只好切了。
啊~
别那么紧张，开个玩笑而已。
呵呵~

你的表情根本就不像是开玩笑啊！
呃~
没事儿的，这属于外伤，一般来说不会有问题的。但是以防万一，还是给你开点消炎药吧。
还好没事。
以后一定要保护好自己的器官，它是十分容易受伤的。如果治疗不及时，容易造成一些后遗症，影响将来的生育。
原来这么可怕。
现在很多小学生在一起打闹的时候有意无意地会碰到别人的小鸡鸡，这是件很危险的事情。

这还不是最可怕的，最可怕的是由于蛋蛋的部位比较敏感，许多青少年即使受了损伤也会因羞于启齿，而贻误治疗的最佳时间。
曾经有个男孩儿，一天晚上他的蛋蛋忽然很痛。
可他并不想告诉父母，因为他觉得那是件羞耻的事情。
两天后，他终于由于疼痛难忍而被送进了医院。
医生诊断为右侧睾丸扭转，由于时间太长，只好切除。

惊恐~
睾丸对男生来说是十分宝贵，也是十分脆弱的。
那……那个男孩以后就只有一个蛋蛋了？
是啊。不过，人体有一种代偿功能，只要另一个发育正常，一般来说不会对生活有太大的影响。
哦……还好我来得早。
所以在平时的生活中，一旦出现了睾丸疼痛的状况，一定要及时让父母知道，不能因为难为情而贻误病情。
嗯。

平时玩耍的时候也要特别注意保护好自己的蛋蛋，远离一些低级无趣的游戏，免得伤到别人和自己。
嗯，谢谢医生了。
呵呵~
喂，为什么这两个蛋蛋那么重要呢？
啊？
它能让人拥有繁衍的能力啊。现在你还小，不了解它的重要性。
哦……那你已经了解了？
好了，我们快回家吧。
呃…

今天跑哪儿玩去了？
没有，就是出去骑了会儿自行车。
呃…
没别的了？
没有丢钱，没有把自行车摔坏，也没有撞到别人或者伤着自己？
你怎么猜到的？
……

很明显是在试探你……
摔着哪儿了？
紧张~
就……碰到了敏感部位……
什么
怎么现在才说啊？赶紧去医院看看。
没事儿，已经去过医院了，医生说没事儿的。

这种事情可千万不能大意啊。男生的下面是很脆弱的，很多小朋友小的时候不注意保护，长大了才发现自己的蛋蛋坏了。
怎么坏了？
就是……呃……不能生孩子。睾丸受损的话，对精子的产生有影响，会导致不孕不育。
哦……放心吧，我会很小心的。
嗯，以后有了不舒服一定要及时跟家长和老师讲。
知道了。

相关知识

男生要保护好自己的要害

男孩子的睾丸是个捏不得碰不得的娇嫩器官，对挤压极其敏感。

生活中，如果男孩子被足球击中要害，就会疼得倒在地上，痛苦不堪，也可能会疼得晕过去，甚至会发生因睾丸被重重踢中而致死的情况。

因此男孩子要特别注意保护好自己的要害部位。万一碰到这种情况应该怎么处理呢？一般来说，当阴囊受到打击

时，睾丸反射性向上收缩，因此，如果受到的打击不是很严重，作为现场的紧急救护措施，应强迫伤员站起来使劲蹦跳，使缩上去的睾丸迅速下降到原来位置。

如果经常穿紧身内裤，睾丸被内裤紧包，温度较高，会影响精子的质量和数量，从而影响以后的生殖能力。

第10章

男孩也会喜欢男孩

嗯，那也没什么啊。
哇～
其实仔细想想，有的男生喜欢男生，有的男生喜欢女生，这都是很正常的。
这个好像叫作……同性恋！
嘘，声音小点。
他～
他～
他～

前两天看新闻，说在国外有好多同性恋。
是啊，但是中国对同性恋并不支持。
为什么会有同性恋啊？
同性恋产生的原因还在调查中，据说与基因和后天的生活环境有关，但至今依然无法研究清楚。
呵呵～
哦……那小林哥你对同性恋怎么看呢？
虽然中国对同性恋抱了否定的态度，但我觉得其实无所谓啦。

你……这根本就不是能够包容他们的态度吧！
你快看啊！
你这是无所谓的态度吗？
总之对于同性恋……我们不能歧视……
……

听说我们国家有 4%～6%的人是同性恋，专家们估计人数可能达到了好几千万。
不是你想的那样的！
那同性恋是因为心理不正常吗？
科学家们的研究表明，同性恋跟心理正不正常没有关系，不属于心理障碍。
那为什么男生会喜欢男生？

研究中发现同性恋跟遗传有一定的关系。比如孩子母亲的家庭中有同性恋，那他就有一定的概率会成为同性恋。
哦……原来是这样啊。
所以你以后不要用异样的眼光看待他们。

小林哥，喝点吧。
嗖~
还是别了吧，正在变声期呢，喝了又要说不出话了。
没关系啦，就一杯，不会有事儿的。
果然还是凉果汁好啊！
咕咚~
那当然。
爽~
一杯就行了吧……太多……真的会说不了话的。

没关系啦，刚喝了一杯不也没事么，再来一杯吧。
咕咚~
上次开的药还有吗？
当然有，放心吧。
那就……多喝点吧。
干杯~

吱～
小林哥，你怎么了？
啊～
难道你又说不出话了？

我去找找，上次你的药没吃完……然后放在……
这是谁买的药，在桌上乱扔。
呃……不行的话……我陪你去医院吧……
那也没办法……谁让你那么贪心，喝了那么多凉的。
啊~
啊~
啊~
救命啊~

避免同性恋倾向

同性恋是指一个人在性爱、心理、情感上的兴趣对象都是同性别的人。

处于青春期的中小学生对此也不可以掉以轻心。因为同性之间过分地依恋，将自己封闭在狭小的人际交往圈中，成年后容易发展成同性恋。

因此，处于青春期的中小学生，一旦发现自己有过分依恋同性的苗头，就应鼓励自己多交朋友，多与志趣相投的男女同学共同娱乐、学习、交往，以减少特定的同性之间的依恋感。

《为生命护航》通过转校生小杰的故事为大家普及了性病、艾滋病的相关知识，了解了预防性病、艾滋病的常识，并且告诉青少年如何正确对待和关爱艾滋病患者，培养积极健康的人生观。

《花开的季节》让女孩子了解自己身体的秘密，对青春期所产生的种种困惑进行解答和疏导，告诉女生怎样远离危险，防范性侵，学会保护自己，让美丽的花朵在阳光下绽放。

我们是从哪里来的？是从河里捡来的吗？这是很多小朋友都会问妈妈的问题。《人从哪里来》这本书从不同的角度讲解性教育知识，帮助青少年正确理解性，解除性困惑。

《悸动的心思》让男孩子了解自己身体生长发育时会出现的生理变化，介绍了青少年犯罪的危害和如何远离犯罪等内容，解答了男孩从身体到心理的各种困惑，帮助男孩子们顺利度过青春期。